ROGER SEMICHON

Les Matinées = Conférences du Jeudi à l'Odéon

NOTICE HISTORIQUE ET BIBLIOGRAPHIQUE

PARIS

LIBRAIRIE THÉATRALE E. JOREL

3, Rue Bonaparte, 3

1910

ROGER SEMICHON

Les Matinées = Conférences du Jeudi

à l'Odéon

NOTICE HISTORIQUE ET BIBLIOGRAPHIQUE

PARIS

LIBRAIRIE THÉATRALE E. JOREL

3, Rue Bonaparte, 3

1910

Les
MATINÉES-CONFÉRENCES
DU JEUDI
A L'ODÉON

NOTICE HISTORIQUE

L'intérêt qui s'attache aux matinées-conférences de l'Odéon est double. D'une part, ce genre de spectacle a tenu une large place dans l'histoire du second Théâtre Français ; en outre, les conférenciers ayant, depuis 1887, parlé de toutes les pièces importantes ou curieuses de notre littérature dramatique, se trouvent avoir fait une sorte d'histoire du théâtre en France, où abondent les aperçus ingénieux et les développements brillants.

Direction Porel

La première matinée-conférence eut lieu le jeudi 27 octobre 1887. On joua *Horace* et l'*Avare*, Sarcey fit la conférence.

M. Porel, directeur de l'Odéon, avait eu l'idée de donner en matinée des œuvres classiques ; une conférence précédait la représentation qui avait lieu le jeudi, pour permettre aux lycéens d'y assister.

Au sujet de ces nouveaux spectacles, M. Porel écrivit au Ministre de l'Instruction publique une lettre [1] où il expliquait son but. Les représentations du jeudi « seraient spécialement destinées aux élèves des lycées et collèges de Paris ». Pour ces jeunes gens, ainsi

---

[1] Le texte complet de cette lettre est reproduit dans les *Annales du Théâtre et de la Musique* de Noël et Stoullig, année 1887.

que pour ceux qui suivent les cours des facultés et des écoles supérieures, les matinées seront « comme un commentaire vivant des leçons qu'ils reçoivent ». Ce n'était pas là une façon de parler, car le directeur de l'Odéon ajoutait : « J'ai combiné une série de matinées comprenant *toutes* les pièces de Corneille, Racine et Molière inscrites au plan d'études des lycées, et j'y ai joint un choix de pièces typiques de Regnard, Voltaire, Marivaux et Beaumarchais, capables de montrer, dans ses traits essentiels, le développement de notre génie dramatique pendant les deux derniers siècles ». Puis, après avoir cité les conférenciers chargés de présenter les pièces choisies pour former les dix premiers spectacles, M. Porel remarquait que « les conférences ne feraient pas double emploi avec les leçons que nos élèves reçoivent de leurs maîtres, elles les compléteraient en replaçant chaque pièce dans son cadre et en étudiant, *surtout au point de vue scénique,* des œuvres dont le commentaire du professeur aurait fait ressortir l'enseignement littéraire et moral ».

L'initiative de M. Porel ne rencontra pas que des approbations. Comme lui-même l'avait prévu et par avance réfuté, on accusa les conférences de faire double emploi avec les leçons des professeurs en Sorbonne et des maîtres de rhétorique. D'autres contestèrent l'utilité des conférences, alléguant que les abonnés de l'Odéon étaient capables de tirer tout seuls des représentations les conclusions qu'elles comportaient. H. de La Pommeraye réfuta facilement cette objection [1]. Jules Lemaître, un des conférenciers, terminait un article humoristique [2] en disant : « Ces représentations sont un excellent moyen de faire comprendre, admirer et aimer aux élèves de nos lycées les chefs-d'œuvre de notre théâtre classique ».

Les conférenciers choisis s'appelaient : Sarcey, Brunetière, Larroumet, de La Pommeraye, Jules Lemaître, Lintilhac, Chantavoine, Eugène Talbot, Albert Chabrier [3].

Pendant les quatre premières années, on joua, en dehors des œuvres classiques françaises, *cinq* adaptations ou traductions de Shakespeare, une pièce de Gœthe, l'*Alceste* d'Euripide et les *Erynnies* de Leconte de L'Isle.

A noter, pendant le même laps de temps : la représentation du *Barbier de Séville* dans la version primitive, en cinq actes ; la représentation du *Bourgeois Gentilhomme* avec la musique de Lulli et les ballets ; enfin, la mise à la scène de pièces rarement jouées, comme *Mélicerte* et *Théodore.*

Dès leur début, les matinées-conférences groupaient des spec-

---

(1) Dans la préface au Tome I du *Recueil Crémieux.*
(2) Reproduit dans le Tome II des *Impressions de Théâtre.*
(3) A ces conférenciers vinrent s'adjoindre, sous la direction Porel, MM. G. Ollendorff, H. Parigot, Doumic, Boully, Ganderax, Dietz, P. Desjardins, Marcel Fouquier et Léopold Lacour.

tacles d'un intérêt dramatique et littéraire de premier ordre. Mais la saison théâtrale 1891-92 éclipsa ses devancières. M. Porel, abandonnant l'intention de suivre de près les plans d'études des lycées et les programmes des facultés, chargea M. Brunetière de tracer, en *quinze* conférences, l'évolution du théâtre français, de Corneille à Musset. C'était la première fois que les conférences se *sériaient*. Le succès fut complet et mérité, le recueil des causeries de Brunetière est resté un des livres les plus importants sur le sujet qu'il traite.

L'éminent critique voulait faire l'histoire du théâtre français par les œuvres typiques, celles qui marquèrent une date dans l'évolution du genre dramatique. Négligeant le moyen âge et le XVIᵉ siècle, son point de départ est le *Cid* ; il aboutit à Scribe et à Musset, se contentant de rapides aperçus sur le théâtre postérieur à 1850.

Voici les listes des quinze conférences avec une rapide analyse de chacune d'elles :

LE CID. — Cette pièce, qui révèle Corneille à lui-même et au public, fonde véritablement la tragédie française. Dans le drame, l'élément romanesque s'efface devant l'élément tragique. Tandis que dans les pièces de Hardy, de Rotrou ou de Scudéry, les événements extérieurs déterminaient les caractères et la marche de l'action ; dans le *Cid,* ce sont les résolutions des personnages qui influent sur les situations. Le véritable lieu de la tragédie, c'est l'âme humaine. Cela suppose le libre arbitre et, du même coup, cela définit la situation tragique : lutte d'un devoir contre une passion ou de deux passions entre elles. Il s'agit d'enfermer un personnage « dans une impasse dont il ne peut absolument sortir que par un effort exceptionnel de volonté ». Telle est la nouveauté du *Cid*. Et cependant, il reste encore dans cette tragédie des éléments épiques et lyriques ; Corneille novateur, n'a pas absolument suivi son propre système.

LE MENTEUR. — Cette pièce n'a pas, pour la comédie, la même importance que le *Cid* pour la tragédie. Corneille ramène la décence dans un genre d'où elle était exclue, mais sa pièce n'est ni une comédie d'intrigue, ni une comédie de caractère. Il faut admirer la verve et le style de l'auteur, qui font du *Menteur* notre première comédie littéraire. Enfin, Corneille ramène la comédie vers l'observation des mœurs, mais cette observation reste superficielle et ne fait nullement pressentir la profondeur de Molière.

RODOGUNE. — Corneille, qui avait une tendresse particulière pour cette pièce, a traité son sujet d'une manière qui est à la fois un progrès et un recul sur le *Cid* et sur *Polyeucte*. Il y a progrès au point de vue de la construction du drame, de l'absence complète de note épique. Tous les événements sortent naturellement de la situation initiale par le seul jeu des caractères, et par là s'annonce la tragédie de Racine. Mais il y a recul, en ce sens que Corneille, après s'être servi de l'histoire pour débarrasser la tragédie de tout élément romanesque, y introduit de nouveau le romanesque en abusant de l'histoire, en la faisant servir à « authentiquer des situations invraisemblables ». Or, ce genre de situations fait perdre à l'œuvre en intérêt général ce qu'elle lui fait gagner en intérêt de curiosité. Les personnages deviennent moins héroïques que monstrueux ; leurs efforts, par trop exceptionnels, de volonté, provoquent moins d'admiration que d'étonnement.

Avec **L'ÉCOLE DES FEMMES,** la comédie de mœurs se fonde et l'on voit poindre la comédie de caractère. Dans ce premier chef-d'œuvre de Molière, persistent cependant des traces de comédie d'intrigue ; les personnages sont plus typiques qu'individuels, et la situation intéresse encore par elle-même. Cependant, *L'École des Femmes,* comédie nationale et bourgeoise, est fondée sur l'observation des hommes et des mœurs. C'est aussi notre première *pièce à thèse,* car, en Molière, l'auteur dramatique se double d'un moraliste ; il s'agit non plus seulement de faire rire, mais de faire réfléchir.

ANDROMAQUE. — Racine prend des mains de son illustre prédécesseur et sans y rien changer, la forme de la tragédie. Il conserve également l'emploi de l'histoire et la définition du tragique comme une lutte de passions dans l'âme humaine. Seulement, les conditions de cette lutte sont changées. Il faut citer ici un passage de Brunetière où il semble bien que le critique ait indiqué la différence fondamentale entre les œuvres des deux grands poètes tragiques. « L'action dramatique est bien, pour Racine comme pour Corneille, une manifestation du pouvoir de la volonté, mais il ne lui paraît pas que cette volonté doive être nécessairement conçue comme une force aveugle et consciente à la fois — aveugle, quant aux motifs qu'elle pourrait avoir de changer la direction de son effort ; consciente, jusqu'au délire de l'orgueil, de l'inflexibilité de cet effort même — ni surtout comme une force en tous temps analogue, identique ou égale à soi-même. Quelle qu'en soit l'origine, il suffit à Racine que des *résolutions* ou des *décisions* humaines fassent le ressort agissant de ses drames, et, décisions ou résolutions, vous verrez, dans *Phèdre,* qu'il n'hésite pas, quand la vérité le demande, à les faire surgir du fond de l'inconscient en les rapportant, comme à leur cause, à la fatalité passionnelle ». Enfin, Racine use de l'histoire ainsi que Corneille, mais il en use autrement ; elle lui sert à donner la dignité et la poésie nécessaires au genre tragique à des situations qui, sans elle, ressembleraient à de vulgaires faits divers.

TARFUFFE. — Avec cette œuvre, la comédie de caractère est définitivement constituée, et la satire sociale apparaît sur le théâtre [1]. Mais une satire sociale ne saurait être gaie, aussi certains passages de *Tartuffe* sont presque tragiques. Cela revient à dire que Molière porta la comédie jusqu'au point qu'elle ne peut dépasser sans cesser d'être elle-même. *Tartuffe* tend vers le drame bourgeois de Diderot. Après Molière, on fera des comédies de mœurs et d'intrigue ; Marivaux seul, en employant d'autres moyens, fera des peintures de caractères. Beaumarchais prendra pour lui la satire sociale pure.

PHÈDRE. — Jusqu'ici, les idées de Brunetière sont à approuver dans leur ensemble, mais à propos de *Phèdre*, il avance des opinions qu'il est difficile de partager. D'abord, il est téméraire de prétendre que Racine était sur une pente dangereuse, et qu'après *Phèdre* il aurait produit des œuvres d'une simplicité d'intrigue par trop grecque. Pourquoi considérer *Phèdre* comme l'aboutissement suprême du système dramatique de Racine ? Un poète tel que lui ne pouvait-il renouveler sa manière ? Si *Phèdre* est moins une *tragédie* qu'une *étude*, qu'importe ? Ne serions-nous pas heureux d'avoir les *études* de Racine intitulées *Iphigénie en Tauride* ou *Alceste* ? Il faut accorder à Brunetière que Racine se transforme à partir de *Mithridate*, qu'il donne aux événements extérieurs une importance plus grande ; mais faut-il tant l'en blâmer ? Les événements de la vie sont-ils toujours le produit de la volonté humaine ? Tous les hasards, toutes les coïncidences, tous les faits imprévus qui traversent l'existence sont-ils romanesques ? Un drame où l'homme agit toujours sur les événements a quelque chose de truqué, de conventionnel. Isoler l'individu de la vie extérieure, même pour vingt-quatre heures et après l'avoir placé dans la situation initiale du drame, est arbitraire. Il semble bien qu'ici Brunetière est victime de sa thèse. Ce qu'il dit de la transformation du drame racinien est vrai, mais les conclusions qu'il en tire sont abusives. L'*Alceste* que Racine eut l'intention d'écrire n'aurait ressemblé que de bien loin à un livret d'opéra de Quinault, en dépit de l'opinion de Brunetière. Il semble plutôt que Racine était à la veille de concevoir la tragédie comme nous la concevons aujourd'hui. Dans chacune des œuvres de l'auteur d'*Andromaque*, il y a une part d'imitation grecque, une part d'observation contemporaine et de couleur Louis XIV, enfin une part de psychologie éternelle et générale. Racine allait probablement supprimer la couleur Louis XIV pour, à travers le seul élément grec, faire de la psychologie générale. Ce système est celui des auteurs modernes qui ont abordé la tragédie. Il s'agit d'interpréter librement

---

[1] Brunetière : « La satire sociale a été l'intermédiaire par le moyen duquel la comédie de caractères s'est dégagée de la comédie de mœurs ».

les mythes grecs, pour analyser à travers eux l'homme de tous les temps.

TURCARET. — Après Molière, la comédie de caractère se mue en roman et en drame. La comédie de mœurs présente l'homme en particulier, alors que la comédie de Molière montrait l'homme en général. *Turcaret* est le modèle de la comédie où la peinture des mœurs constitue le seul intérêt. L'œuvre de Le Sage pose pour la première fois, sur le théâtre, la question d'argent, qui tiendra désormais une large place. Destouches, en introduisant le sentimental et l'intention moralisatrice dans la comédie, orienta ce genre vers le drame.

RHADAMISTHE ET ZÉNOBIE. — Avec Crébillon, l'effort de Corneille et de Racine est annulé, le romanesque rentre dans la tragédie; de nouveau, les caractères sont entièrement subordonnés aux situations. Complications, méprises, surprises, coups de théâtre, reconnaissances, emphase, fade galanterie, crimes, tous les trucs de la tragi-comédie, qui seront ceux du vaudeville et du mélodrame, reparaissent. Une pièce de Crébillon est un mélodrame déguisé en tragédie, grâce aux trois unités et à un style prétendu classique.

LE THÉATRE DE MARIVAUX procède de la tragédie de Racine. Il s'agit toujours d'un amour qui veut se satisfaire ou seulement se déclarer. Le mariage dénoue la pièce, puisqu'il s'agit de comédie. Marivaux *féminise* la comédie, et, en employant toujours le ton des salons, la rend aussi plus *mondaine.*

ZAÏRE. — Voltaire est une première ébauche de Scribe, le *métier* n'a pas de secrets pour lui. Il invente la couleur locale extérieure, développe la mise en scène, inaugure la tragédie à sujets nationaux. Voltaire atteint le pathétique par deux moyens : en montrant l'effroi de la mort dans des personnages qui attachent un grand prix à la vie, et en peignant les hommes sous les traits de victimes innocentes des circonstances.

L'ÉVOLUTION DU DRAME BOURGEOIS. — Le développement du drame bourgeois correspond au développement de la classe bourgeoise. Après La Chaussée qui, en vers faibles, s'efforce de faire pleurer les gens sensibles, vient Diderot, dont les écrits théoriques ont plus d'importance que les pièces. Sedaine, avec *Le Philosophe sans le savoir,* donne le modèle du drame bourgeois. Beaumarchais abuse du romanesque, que Sedaine avait écarté de l'intrigue sinon des sentiments, dans *Eugénie,* sorte de tragi-comédie en prose. Enfin, Mercier tombe dans la sensiblerie niaise et le théâtre moralisateur.

LE MARIAGE DE FIGARO. — L'intérêt de cette comédie dans l'évolution du genre, est d'avoir « rétabli le métier dans ses droits au théâtre ».

LE THÉATRE ROMANTIQUE. — Le romantisme ne consiste ni dans la proclamation de la liberté dans l'art, ni dans l'imitation des littératures étrangères, ni dans l'introduction de la couleur locale — due à Voltaire — ni dans le mélange des genres pratiqué déjà par Pixérécourt et aussi par Mercier, dans son *Pinto*. Les romantiques se distinguent par leur incapacité de ne pas mettre leur personne dans leur œuvre à chaque instant, et par leur lyrisme perpétuel. Ces deux innovations, qui découlent l'une de l'autre, ont voué le drame romantique à un échec fatal, car on ne peut méconnaître impunément la loi d'objectivité du genre dramatique. La comédie historique de Scribe (*Le Verre d'eau*) et de Dumas père (*Mademoiselle de Belle-Isle*) sert de transition entre le drame romantique et la comédie de mœurs moderne.

SCRIBE ET MUSSET. — Le théâtre contemporain doit à Scribe les meilleures leçons de *métier* dramatique [1]. Ici se place l'influence de Balzac, qui donna à tous les littérateurs sa grande leçon de réalisme. Avec la satire sociale en plus, voilà constitué le théâtre d'Émile Augier. Enfin, viennent Dumas et Sardou.

Musset, tout à fait à part, faisant fi du métier et se plaçant résolument au premier plan de son œuvre, réussit un théâtre de fantaisie et de poésie.

CONCLUSIONS. — Selon Brunetière, trois grandes lois se dégagent de l'examen de l'évolution dramatique française : 1° « L'action doit tourner autour de quelque question d'intérêt général. » 2° L'essence du théâtre est la lutte de la volonté consciente contre elle-même ou contre le destin, contre la nature ou contre une autre volonté. 3° Un auteur ne doit rien perdre des acquisitions artistiques faites par ceux qui l'ont précédé.

Cette série de conférences eut un grand retentissement. M. Porel avait su intéresser aux matinées-conférences non seulement les étudiants, mais tous les amateurs de théâtre. Il avait particulièrement bien choisi ses conférenciers. Tous s'ingéniaient à dire quelque chose de neuf sur des sujets si souvent traités, qu'il semblait difficile de les renouveler, et à présenter d'une façon originale des matières

____

[1] Brunetière affirme justement que Scribe et Dumas « ont maintenu dans la déroute romantique les droits du métier ».

qu'une partie de l'auditoire connaissait à fond. Tâche malaisée où chacun apportait son talent personnel. D'abord Sarcey, à la silhouette amusante, au verbe familier, véritable roi de la conférence [1]; puis Brunetière, professoral et solide ; Larroumet, aisé et abondant; Jules Lemaître, ironique, mais aussi instructif, témoin sa belle conférence sur les *Erynnies* [2]; Lintilhac et Léopold Lacour, érudits et ingénieux; Chantavoine, qui annonce au début les deux ou trois points de son discours... Il faudrait les citer tous, même les *odéoniens* occasionnels comme Haraucourt ou Maurice Barrès, qui parlèrent l'un de *Macbeth*, l'autre de *Tartuffe*. La mort a fait de nombreux trous dans cette pléiade d'orateurs, les successeurs de M. Porel ont comblé les vides, mais tous ceux qui furent les collaborateurs de la première heure sont demeurés fidèles à l'Odéon.

Afin d'être complet, il faut signaler trois conférences qui furent prononcées le dimanche : Une conférence de Brunetière, sur *Tartuffe*, le 9 février 1890 ; une conférence de Sarcey sur le *Légataire universel*, le 16 février 1890, et une conférence d'Haraucourt sur son adaptation de *Shylock*, le 13 avril 1890 [3].

Enfin, les abonnés de l'Odéon eurent plusieurs fois le plaisir de voir combattre, par un conférencier, une thèse qu'un autre avait soutenue quelque temps avant. M. Parigot parla contre l'opinion de M. Brunetière, au sujet de l'*École des Femmes*, et M. Doumic contre l'opinion du même M. Brunetière au sujet de *Tartuffe*.

Direction Marck et Desbeaux

La direction de MM. Marck et Desbeaux s'étend sur quatre saisons théâtrales. L'idée de sérier les conférences venait de donner un trop bon résultat pour n'être pas reprise ; elle le fut, et même avec une certaine exagération. Cette fois, il s'agissait de donner, dans une même année, les œuvres principales de deux ou trois auteurs. Après l'évolution du théâtre français, l'Odéon conviait ses abonnés à étudier l'évolution des maîtres de l'art dramatique.

Pendant la saison 1892-93, Sarcey parla des œuvres de Corneille ; Larroumet, des œuvres de Molière. Le programme fut complété par *Louis XI* (C. Delavigne), *Le Chevalier à la Mode* (Dancourt) et *Le Barbier de Séville*, ainsi que par deux intéressantes représentations de comédies du XVIᵉ siècle : *Les Contents* (Odet de Turnèbe) et *Les Esprits* (Larivey). Ce fut l'année la plus chargée, il y eut vingt matinées-conférences.

Sarcey avait une grande autorité sur le public de l'Odéon, qui

---

(1) Dans son feuilleton du *Journal des Débats*, Jules Lemaître pastichait avec talent les conférences de Sarcey. Voir *Impressions de Théâtre*. Tomes II, III et IV.

(2) *Impressions de Théâtre*. Tome IV.

(3) On trouvera ces conférences dans le *Journal des Élèves de Lettres*, 2ᵉ année.

goûtait sa bonhomie familière et appréciait sa compétence en matière de théâtre. Il savait amuser son auditoire, piquer son discours d'anecdotes et de bons mots ; aussi, sa causerie semblait toujours trop courte. Sarcey s'enfermait volontairement dans la pièce dont il devait parler, s'interdisant les à-côtés, les digressions, les considérations historiques. Il faisait une analyse-critique minutieuse, suivant pas à pas l'auteur dans les progrès de l'action et la peinture des caractères. Arrivé à la fin du V⁰ acte, il lançait deux ou trois phrases de conclusion, puis, tournant le dos au public, regagnait la coulisse à pas lents et réguliers.

Larroumet faisait une leçon plutôt qu'une conférence. Il s'occupait de situer historiquement la pièce qu'il préfaçait oralement ; ses discours ressemblaient à une leçon en Sorbonne et à l'introduction d'une édition classique. Tout lui était prétexte à généralisation. A propos de l'*École des Maris*, il parlait du mariage au théâtre avant Molière ; faisait une longue incursion dans les littératures étrangères, à propos de *Don Juan ; L'Avare* lui suggérait des réflexions sur la question d'argent dans la comédie, et *Les Femmes savantes,* des considérations sur l'esprit précieux dans la littérature française.

Pendant la saison suivante (1893-94), Larroumet et Sarcey recommencèrent des séries ; le premier parla des œuvres de Racine et de Marivaux [1], le second des œuvres de Regnard. La saison 1894-95 fut consacrée au répertoire du XVIII⁰ siècle ; le programme réunit les noms de Le Sage, Destouches, Dancourt, Voltaire, Crébillon, Diderot, La Chaussée, d'Allainval, Piron, Gresset, Sedaine et Beaumarchais. On donna en outre *Le Cid* et *Psyché*. Enfin, pendant la saison 1895-96, l'Odéon s'occupa du théâtre de l'époque révolutionnaire et de l'empire. Les auteurs joués furent : Florian, Fabre d'Églantine, M.-J. Chénier, Picard, Andrieux, Walflard et Fulgence, Etienne, Scribe, Népomucène Lemercier et Casimir Delavigne. Les débuts du romantisme furent représentés par A. de Vigny et Dumas père.

Pendant les quatre années de leur direction, MM. Marck et Desbeaux avaient fait jouer toutes les grandes œuvres classiques et un certain nombre d'œuvres de second ordre qu'on avait rarement l'occasion de voir à la scène. MM. Germain Bapst et George Vanor s'étaient joints aux conférenciers de l'ancienne direction.

Direction Ginisty

Pendant ses dix années de direction, M. Ginisty apporta le plus grand soin à la composition du programme des matinées-conférences. Pensant que la personnalité de l'orateur est un puissant élément

---

(1) La grande nouveauté de la série sur Marivaux fut la représentation des *Revenants*, une pièce qui nous est parvenue mutilée et que Larroumet reconstitua.

d'attraction pour le public, il fit paraître derrière la table du conférencier : Mme Jane Dieulafoy, MM. Gaston Deschamps, Henri Becque, Bernardin, Hinzelin, Téodor de Wyzewa, Joseph Fabre, Henry Fouquier, Hugues Le Roux, Léo Claretie, Clovis Hugues, Henry Bérenger, Albert Sorel, Gustave Worms, Henri Roujon, Nozière, Gaston Rageot, Ernest-Charles et Franc-Nohain.

M. Ginisty rompit avec le système des *séries* et fit de plus fréquents emprunts aux théâtres antiques et étrangers.

Le tableau suivant donne une idée de l'activité de M. Ginisty en ce qui concerne les matinées-conférences. On joua, en dix ans :

Pièces empruntées au Théâtre antique : 5 œuvres.
    id.   id.   au Théâtre français du moyen âge : 3 œuvres [1].
    id.   id.   au Théâtre français des xvi*, xvii* et xviii* siècles : 86 œuvres.
    id.   id.   au Théâtre français du xix* siècle : 18 œuvres.
    id.   id.   au Théâtre anglais : 4 œuvres.
    id.   id.   au Théâtre espagnol : 3 œuvres.
    id.   id.   au Théâtre allemand : 3 œuvres.
    id.   id.   au Théâtre italien : 2 œuvres.
    id.   id.   au Théâtre danois : 1 œuvre.

En outre, M. Ginisty créa les *Samedis Littéraires,* dont l'histoire ne rentre pas dans le cadre de cette notice. Ils se composaient de récitations et de morceaux de chant se rapportant tous à un même sujet, qui servait de titre à la séance. Quelquefois même on y jouait de courtes pièces ; on donna notamment : *Est-il bon ? est-il méchant ?* d'après un conte de Diderot ; une adaptation d'un miracle de Notre-Dame (xiv* siècle) : *Le Chevalier qui donna sa Femme au Diable* [2], et un spectacle composé d'anciennes *Revues.*

Direction Antoine

La première année de la direction Antoine doit marquer dans l'histoire des matinées-conférences. Le nouveau directeur entreprit une sorte d'histoire du théâtre français par les chefs-d'œuvre. On vit d'abord *Le Mistère de la Passion,* puis *Polyeucte, Andromaque, Don Juan, Le Philosophe sans le savoir, Le Jeu de l'amour et du hasard, Le Barbier de Séville.* Le xix* siècle était représenté par *Chatterton, La Grand' Mère, Florise, Le Chandelier,* et enfin *La Parisienne.*

Les saisons qui suivirent ne furent pas moins intéressantes. Les abonnés ont vu, depuis 1907, *trois* œuvres de Shakespeare montées avec un soin tout particulier. Les représentations de ces pièces furent de grandes manifestations d'art, elles marquent une date dans la pénétration du théâtre de Shakespeare en France.

---

[1] En un seul spectacle.
[2] L'adaptation était de E.-A. Adenis.

— 13 —

M. Antoine créa les *études comparatives*. Tantôt, le public était mis à même d'apprécier comment dans les théâtres latin, français, russe et chinois, le type universel de l'avare avait été traité ; tantôt, l'*Andromaque* de Racine succédait à l'*Andromaque* d'Euripide, ou la *Phèdre* de Pradon à celle de Racine.

Le théâtre du moyen âge donna lieu à des spectacles du plus grand intérêt.

Ibsen entra dans un théâtre subventionné, avec *Les Revenants* et *Le Canard sauvage*.

Enfin, il importe de signaler le grand succès des *Essais de mise en scène* tentés par M. Antoine. Qu'il s'agisse de reconstituer la première représentation du *Cid* au Théâtre du Marais en 1636, de nous faire voir *Andromaque* à l'Hôtel de Bourgogne, ou *Tartuffe* [1] dans plusieurs décors, M. Antoine affirme sa maîtrise.

Ajoutons que, sous la direction actuelle, le texte des chefs-d'œuvre n'est pas tronqué, et le public entend le texte de Corneille et de Molière tel qu'il fut écrit ; on a rétabli les coupures tradi-tionnelles [2].

La saison 1909-10 a vu renaître les *Samedis*, non pas dans leur ancienne forme, mais dans celle même des matinées-conférences du jeudi. Voici quels étaient les spectacles de cette série spéciale, dont le but était de retracer l'histoire du romantisme et du réalisme au théâtre.

Le romantisme au théâtre. — M. Richepin conférencia sur : 1º *La Grand' Mère* (V. Hugo) ; 2º *Charles VII* (A. Dumas) ; 3º *Chatterton* (A. de Vigny) ; 4º *Le Chandelier* (A. de Musset) ; 5º *Lazare le Pâtre* (Bouchardy) ; 6º *Florise* (de Banville).

Le réalisme au théâtre. — M. de Royaumont conférencia sur *L'Ecole des Ménages* (Balzac) ; M. Lucien Descaves, sur *Manette Salomon* (Goncourt) ; M. Nozière, sur *Le Candidat* (Flaubert) ; M. Antoine, sur *Le Canard Sauvage* (Ibsen); M. Ernest-Charles, sur *Thérèse Raquin* (Zola); M. Charles Martel, sur *Les Corbeaux* (Henri Becque).

Il serait trop long d'énumérer tous les nouveaux conférenciers que M. Antoine appela à l'Odéon ; on trouvera leurs noms à la notice bibliographique. Le plus applaudi fut certainement M. Antoine lui-même. Qu'il vienne à la matinée conférence d'ouverture parler à ses abonnés de son programme et de son théâtre, ou qu'il expose l'histoire du Théâtre-Libre, le public, qui sait son immense labeur et sa valeur directoriale, ne lui ménage pas ses approbations.

---

(1) Le directeur de l'Odéon avait annoncé une reprise de l'*Ecole des Femmes*, avec mise en scène nouvelle. Ce projet ne put être mis à exécution et c'est regrettable, la maquette du décor paraissant fort réussie.

(2) Ceci vise notamment *Cinna*, où le rôle de Livie est joué *in-extenso*, et le *Malade imaginaire*.

En terminant cette courte notice, nous formulerons le vœu que les conférences de l'Odéon soient imprimées comme par le passé, ce qui permettrait à tout un public d'étudiants et d'amateurs résidant en province, d'apprécier la parole érudite et élégante des orateurs du jeudi.

Par le travail accompli depuis 1887, par la variété et le nombre des œuvres représentées, et aussi par la qualité des conférences, les matinées du jeudi forment une entreprise unique en son genre, dont le succès honore également les directeurs du second Théâtre-Français, les acteurs dévoués qui apprennent et répètent un rôle, souvent fort long, pour le jouer un petit nombre de fois, les orateurs et le public enfin, très lettré et très compréhensif, qui ne ménage pas ses encouragements à tous : directeur, conférenciers et acteurs.

NOTICE BIBLIOGRAPHIQUE

Tableau des Conférences du Jeudi, faites au Théâtre de l'Odéon, avec indication des livres et périodiques où se trouve imprimé le texte de ces conférences.

Grâce à l'amabilité de M. Antoine, qui a bien voulu nous communiquer les documents nécessaires, nous donnons ici une liste complète des conférences du jeudi. On trouvera pour chaque conférence, dans les tableaux suivants : la date, le nom du conférencier, le sujet traité et, s'il y a lieu, l'indication de l'endroit où est imprimé le texte de la conférence. En ce qui concerne ce texte, il importe de remarquer :

1° Que l'ouvrage en quatorze volumes dont M. Crémieux fut l'éditeur, et qui est désigné ici sous le nom de *Recueil Crémieux*, est aujourd'hui presqu'introuvable en son entier.

2° Que *Le Censeur Politique et Littéraire* a cessé de paraître, ainsi que *Le Journal des Élèves de Lettres*.

3° Que *La Revue des Cours et Conférences* et *La Grande Revue* existent toujours et paraissent régulièrement.

4° Que certaines conférences ont été imprimées en deux et quelquefois trois endroits différents. Dans ce cas, la préférence est donnée au texte qu'on peut le plus facilement se procurer.

Enfin, devant le succès des matinées-conférences, la direction de l'Odéon dut établir une seconde série d'abonnés, devant lesquels on répétait la conférence et le spectacle donnés, généralement huit jours auparavant, aux abonnés de la première série. C'est la date relative à la représentation devant la première série d'abonnés, qui est mentionnée ici.

Abréviations

Recueil Crémieux [1]	R. C.
Revue des Cours et Conférences [2]	C. C.
Grande Revue [3]	G. R.
Censeur Politique et Littéraire [4]	C. P.
Journal des Élèves de Lettres [5]	E. L.
Eugène Lintilhac : *Conférences Dramatiques* [6] .	C. D.

---

(1) Cote à la Bibliothèque Nationale 8° Y f 439.
(2)   d°   8° Z 13.677.
(3)   d°   8° Z 15.129.
(4)   d°   8° L² C 6.255.
(5)   d°   4° Z 535.
(6) Un volume. Ollendorff, éditeur (1898). — Cote à la Bibliothèque Nationale : 8° Y f 1.037.

Direction Porel

SAISON THÉATRALE 1887-88

DATE de la Conférence	NOM du Conférencier	SUJET DE LA CONFÉRENCE	TEXTE de la Conférence
27 oct. 1887	Sarcey	*Horace. L'Avare.*	
17 nov. »	Larroumet	*Les Femmes savantes. Le Jeu de l'Amour* (1).	
15 déc. »	E. Talbot	*Britannicus.*	
12 janv. 1888	de la Pommeraye	*Andromaque. Le Misanthrope.*	
26 janv. »	J. Lemaître	*Le Cid. Les Précieuses ridicules.*	
9 fév. »	Larroumet	*Beaucoup de bruit pour rien* (2).	R. C. t. 1
23 fév. »	Lintilhac	*Le Barbier de Séville* (3).	
8 mars »	Brunetière	*Iphigénie.*	
15 mars »	Chantavoine	*Cinna.*	
22 mars »	Sarcey	*Polyeucte* (4).	
12 avril »	Larroumet	*Le Mariage de Figaro.*	
26 avril »	A. Chabrier	*Phèdre.*	R. C. t. 1
3 mai »	de la Pommeraye	*Zaïre. Le Joueur.*	

(1) Cette conférence est imprimée dans le livre de Larroumet : *Études d'Histoire et de Critique dramatique* (1892). Hachette.

(2) Adaptation en vers, en 5 actes et 8 tableaux, de la pièce de Shakespeare, par M. Louis Legendre, musique de Benjamin Godard. Cette conférence est également imprimée dans le livre de Larroumet, ci-dessus cité.

(3) Sujet de la conférence : la première du *Barbier de Seville*. On joua la pièce de Beaumarchais dans sa forme primitive, en 5 actes.

(4) Voir Jules Lemaître : *Impressions de Théâtre*, tome III.

SAISON THÉATRALE 1888-89

DATE de la Conférence		NOM du Conférencier	SUJET DE LA CONFÉRENCE	TEXTE de la Conférence
18 oct.	1888	Sarcey	*Athalie* (1).	
15 nov.	»	J. Lemaître	*Don Juan.*	
22 nov.	»	Brunetière	*L'Ecole des Femmes.*	R. C. t. 1
29 nov.	»	de la Pommeraye	*Athalie.*	
6 déc.	»	Chantavoine	*Le Misanthrope.*	
10 janv.	1889	A. Chabrier	*Le Bourgeois Gentilhomme* (2).	R. C. t. 1
24 janv.	»	E. Talbot	*Bérénice.*	
7 fév.	»	Brunetière	*Andromaque.*	R. C. t. 1
21 fév.	»	Chantavoine	*George Dandin.*	R. C. t. 1
28 fév.	»	Haraucourt	*Macbeth* (3).	E.L. 1e année n° 11
14 mars	»	Lintilhac (4)	*Le Cid.*	R. C. t. 1
21 mars	»	J. Lemaître	*Les Erynnies* (5).	R. C. t. 1
28 mars	»	de la Pommeraye	*Le Bourgeois Gentilhomme.*	R. C. t. 1
4 avril	»	G. Ollendorf	*Les Erynnies* (6).	R. C. t. 1
11 avril	»	Sarcey	*Le Mariage de Figaro.*	R. C. t. 1
9 mai	»	Parigot	*Les Plaideurs.*	R. C. t. 1

(1) Voir Jules Lemaître : *Impressions de Théâtre,* tome IV.

(2) Avec la musique de Lulli et les ballets.

(3) Drame en 5 actes de Shakespeare, traduction en vers de M. Jules Lacroix.

(4) Remplaçant M. Parigot, indisposé.

(5) De Leconte de l'Isle. Jules Lemaître parla de l'*Orestie* d'Eschyle. Voir *Impressions de Théâtre,* tome IV.

(6) M. Ollendorff parla de la pièce de Leconte de l'Isle et des divers imitateurs d'Eschyle.

SAISON THÉATRALE 1889-90

DATE de la Conférence	NOM du Conférencier	SUJET DE LA CONFÉRENCE	TEXTE de la Conférence
14 nov. 1889	Chantavoine	*Le Mariage de Figaro.*	R. C. t. 2
28 nov. »	Brunetière	*Le Légataire Universel* (1).	
12 déc. »	J. Lemaître	*Théodore* (P. Corneille).	R. C. t. 2
9 janv. 1890	Sarcey	*Mithridate.*	R. C. t. 2
23 janv. »	Lintilhac	*Shylock* (2).	R. C. t. 2
6 fév. »	Chabrier	*Le Misanthrope.*	R. C. t. 2
20 fév. »	de la Pommeraye	*Egmont* (3) (Gœthe).	R. C. t. 2
6 mars »	Parigot	*L'Ecole des Femmes.*	R. C. t. 2
20 mars »	Doumic	*Tartuffe.*	R. C. t. 2
17 avril »	E. Boully	*Rodogune.*	R. C. t. 2

(1) On trouve un compte rendu de la conférence de Brunetière dans les *Impressions de Théâtre,* tome V.

(2) Pièce en 3 actes et 7 tableaux, en vers, de M. Haraucourt, d'après Shakespeare, musique de Fauré ; le sujet de la conférence était : « Shakespeare et le public français ».

(3) Drame en 3 parties et 12 tableaux, traduit par M. A. Aderer.

SAISON THÉATRALE 1890-91

DATE de la Conférence		NOM du Conférencier	SUJET DE LA CONFÉRENCE	TEXTE de la Conférence
13 nov.	1890	Sarcey	*Le Misanthrope* (1).	R. C. t. 3
20 nov.	»	Chantavoine	*Roméo et Juliette* (2).	
27 nov.	»	J. Lemaître	*Le Philosophe sans le savoir.*	R. C. t. 3
4 déc.	»	de la Pommeraye	*Mélicerte.*	R. C. t. 5
11 déc.	»	M. Barrès	*Tartuffe.*	R. C. t. 3
15 janv.	1891	Doumic	*Le Barbier de Séville.*	R. C. t. 3
22 janv.	»	Lintilhac	*Athalie.*	R. C. t. 4
29 janv.	»	Parigot	*Polyeucte.*	R. C. t. 4
5 fév.	»	Brunetière	*Turcaret* (3).	
19 fév.	»	Ganderax	*Don Juan.*	R. C. t. 4
26 fév.	»	Dietz	*Les Femmes-savantes.*	R. C. t. 4
19 mars	»	Chabrier	*Horace.*	R. C. t. 4
9 avril	»	Desjardins	*Alceste* (4). (Euripide).	R. C. t. 4
30 avril	»	M. Fouquier	*Conte d'avril* (5).	R. C. t. 4
14 mai	»	L. Lacour	*Le Cid.*	

(1) Compte rendu de la conférence de Sarcey dans les *Impressions de Théâtre*, tome VI.

(2) Drame en 5 actes et 10 tableaux, en vers, d'après Shakespeare, par M. G. Lefèvre, musique de Thomé.

(3) Compte rendu de la conférence de Brunetière, dans le *Journal des Élèves de Lettres* du 16 Mars 1891.

(4) Drame lyrique en 5 actes, en vers, d'après Euripide, par M. Alfred Gassier, musique de M. Alexandre Georges.

(5) Comédie en 4 actes, de M. A. Dorchain, d'après Shakespeare, musique de Widor.

SAISON THÉATRALE 1891-92

DATE de la Conférence	NOM du Conférencier	SUJET DE LA CONFÉRENCE	TEXTE de la Conférence
5 nov. 1891	F. Brunetière	*Le Cid.*	F. Brunetière : *Les Epoques du Théâtre Français*
12 nov. »	id.	*Le Menteur.*	
19 nov. »	id.	*Rodogune.*	
26 nov. »	id.	*L'Ecole des Femmes* (1).	
3 déc. »	id.	*Andromaque.*	
10 déc. »	id.	*Tartuffe.*	
17 déc. »	id.	*Phédre.*	
24 déc. »	id.	*Turcaret* (2).	
14 janv. 1892	id.	*Rhadamisthe et Zénobie.*	
21 janv. »	id.	*Le Jeu de l'amour et du hasard.*	Un volume. Hachette.
28 janv. »	id.	*Zaïre.*	
4 fév. »	id.	*Le Philosophe sans le savoir* (3).	
11 fév. »	id.	*Le Mariage de Figaro.*	
18 fév. »	id.	*Kean* (4).	
25 fév. »	id.	*Fantasio. La demoiselle à marier* (5).	

(1) On donna, en lever de rideau, *La Critique de l'École des Femmes.*
(2) On commença par *Les Folies amoureuses.*
(3) Le titre de la conférence de Brunetière est: « L'évolution du drame bourgeois ».
(4) Le titre de la conférence de Brunetière est : « Le théâtre romantique ».
(5) *Fantasio,* de Musset. *La demoiselle à marier,* de Scribe.

Direction Marck et Desbeaux

SAISON THÉÂTRALE 1892-93

DATE de la Conférence		NOM du Conférencier	SUJET DE LA CONFÉRENCE	TEXTE de la Conférence
10 nov.	1892	Larroumet	*L'Étourdi* (1).	
17 nov.	»	id.	*L'École des Maris* (2).	
24 nov.	»	id.	*L'École des Femmes* (3).	
1 déc.	»	id.	*Don Juan* (4).	
8 déc.	»	id.	*Le Misanthrope.*	R. C. t. 9
15 déc.	»	Sarcey	*Le Cid.*	C. C. (5) 3-4
22 déc.	»	Larroumet	*Tartuffe.*	R. C. t. 9
12 janv.	1893	Sarcey	*Horace.*	C. C. 7 et 8
19 janv.	»	Larroumet	*L'Avare.*	R. C. t. 5
26 janv.	»	Sarcey	*Cinna.*	C. C. 11-12
2 fév.	»	Larroumet	*Le Bourgeois Gentilhomme* (6).	
9 fév.	»	Sarcey	*Polyeucte.*	C. C. 15-16
23 fév.	»	Larroumet	*Les Femmes savantes* (7).	R. C. t. 5
2 mars	»	Sarcey	*Nicomède.*	C. C. 18
9 mars	»	Larroumet	*Le Malade imaginaire* (8).	R. C. t. 5
13 avril	»	Chantavoine	*Louis XI* (C. Delavigne).	R. C. t. 5
20 avril	»	Parigot	*Le Barbier de Séville.*	C. C. 24-25
27 avril	»	Lintilhac	*Le Chevalier à la mode* (Dancourt).	C. C. 21
4 mai	»	J. Lemaître	*Les Contents* (Odet de Turnèbe).	C. C. 22
11 mai	»	Doumic	*Les Esprits* (Larivey).	C. C. 23

(1) Résumé (avec citations) de cette conférence, dans la *Revue des Cours* nº 1.
(2)   dº   dº   dº   dº   nº 2.
(3)   dº   dº   dº   dº   nº 4.
(4)   dº   dº   dº   dº   nº 5.

(5) Nous faisons remarquer une fois pour toutes que la *Revue des Cours* paraissant de novembre à juillet, se date par les mêmes millésimes que la saison théâtrale correspondante. Exemple : Les conférences de 1892-93 se trouvent dans la première année de la *Revue des Cours* : 1892-93. Les chiffres qui suivent l'abréviation C. C. renvoient au numéro de la *Revue* de l'année en question.

(6) Résumé, avec citations de cette conférence, dans la *Revue des Cours*, nºs 13 et 14.
(7)   dº   dº   dº   nº 17.
(8)   dº   dº   dº   nºs 19 et 20.

SAISON THÉATRALE 1893-94

DATE de la Conférence	NOM du Conférencier	SUJET DE LA CONFÉRENCE	TEXTE de la Conférence	
9 nov. 1893	Larroumet	*Andromaque.*	C. C.	1
16 nov. »	Sarcey	*Le Joueur.*	C. C.	2
23 nov. »	Larroumet	*Le Jeu de l'Amour et du hasard.*	C. C.	3
30 nov. »	Larroumet	*Britannicus.*	C. C.	4
7 déc. »	Sarcey	*Le Distrait.*	C. C.	5
14 déc. »	Larroumet	*La Surprise de l'Amour* (Marivaux).	C. C.	6
21 déc. »	Larroumet	*Iphigénie.*	C. C.	7
11 janv. 1894	Sarcey	*Les Folies amoureuses.*	C. C.	10
18 janv. »	Larroumet	*Les Fausses Confidences.*	C. C.	11
25 janv. »	Larroumet	*Phèdre.*	C. C.	12
1 fév. »	Sarcey	*Les Ménechmes.*	C. C.	14
15 fév. »	Larroumet	*Bérénice.*	C. C.	15
22 fév. »	Sarcey	*Le Légataire universel.*	C. C.	16
1 mars »	Larroumet	*Athalie.*	C. C.	18
8 mars »	Larroumet	*Les Revenants. La Mère confidente* (Marivaux)	C. C.	19

SAISON THÉATRALE 1894-95

DATE de la Conférence		NOM du Conférencier	SUJET DE LA CONFÉRENCE	TEXTE de la Conférence	
8 nov.	1894	Larroumet	*Turcaret* (Le Sage).	C. C.	1-2
15 nov.	»	Sarcey	*Le Glorieux* (Destouches).	C. C.	3
22 nov.	»	G. Bapst	*Le Cid* (1).	C. C.	4
29 nov.	»	G. Bapst.	*Psyché* (2).	C. C.	5
6 déc.	»	J. Lemaître	*Le Chevalier à la mode* (Dancourt).	C. C.	6
13 déc.	»	Lintilhac	*Mérope* (Voltaire).	C. C.	7
20 déc.	»	Larroumet	*Zaïre* (Voltaire).	C. C.	10
10 janv.	1895	Sarcey	*Atrée et Thyeste* (Crébillon).	C. C.	11
17 janv.	»	Larroumet	*Le Père de famille* (Diderot).	C. C.	12
24 janv.	»	Parigot	*Le Préjugé à la mode* (La Chaussée).	C. C.	13
31 janv.	»	Larroumet	*L'Ecole des Bourgeois* (d'Allainval).	C. C.	14
7 fév.	»	Chantavoine	*La Métromanie* (Piron).	C. C.	15
14 fév.	»	Sarcey	*Le Méchant* (Gresset).	C. C.	16-17
21 fév.	»	Sarcey	*Le Philosophe sans le savoir* (Sedaine).	C. C.	18
7 mars	»	Larroumet	*Le Mariage de Figaro.*	C. C.	19

(1) Sujet de la conférence : « Mise en scène et décoration en 1636 ».
(2) Sujet de la conférence : « Le théâtre à la cour de Louis XIV.

SAISON THÉATRALE 1895-96

DATE de la Conférence	NOM du Conférencier	SUJET DE LA CONFÉRENCE	TEXTE de la Conférence	
14 nov. 1895	Larroumet	*Le Bon Ménage. Le Bon Père* (Florian).	C. C.	1-2
21 nov. »	Sarcey	*Le Philinte de Molière* (Fabre d'Eglantine).	C. C.	3
28 nov. »	Chantavoine	*Charles IX* (M.-J. Chénier).	C. C.	4
5 déc. »	Parigot	*Charles VII chez ses grands vassaux* (Dumas).	C. C.	5
12 déc. »	Larroumet	*Le More de Venise* (A. de Vigny).	C. C.	6
19 déc. »	Doumic	*La Petite Ville* (Picard).	C. C.	8-9
9 janv. 1896	Larroumet	*Marino Faliero* (C. Delavigne).	C. C.	10
16 janv. »	Chabrier	*Louis XI* (C. Delavigne).	C. C.	11
23 janv. »	Sarcey	*Les Etourdis* (Andrieux).	C. C.	12
30 janv. »	Sarcey	*Le Voyage à Dieppe* (Walflard et Fulgence).	C. C.	13
6 fév. »	Lintilhac	*Les deux Gendres* (Etienne).	C. C.	15
13 fév. »	J. Lemaître	*L'Ecole des Vieillards* (C. Delavigne).	C. C.	16
27 fév. »	Sarcey	*Le Verre d'eau* (Scribe).	C. C.	17
5 mars »	Larroumet	*Les Enfants d'Edouard* (C. Delavigne).	C. C.	18
19 mars »	Larroumet	*Pinto* (N. Lemercier).	C. C.	21
26 mars »	G. Vanor	*Andromaque* (Racine).		

Direction Ginisty

SAISON THÉATRALE 1896-97

DATE de la Conférence		NOM du Conférencier	SUJET DE LA CONFÉRENCE	TEXTE de la Conférence	
5 nov.	1896	Mme J. Dieulafoy	*Les Perses* (1) (Eschyle).	C. C.	2
19 nov.	»	G. Deschamps	*Philoctète* (2) (Sophocle).	C. C.	5
3 déc.	»	J. Lemaître	*L'Apollonide* (3).	C. C.	6
17 déc.	»	Henry Becque	*Plutus* (4) (Aristophane).		
7 janv.	1897	Sarcey	*L'Heureux Naufrage* (5) (Plaute).	C. C.	11
21 janv.	»	G. Bapst	*Le Cuvier, Le Pont aux Anes* (6), *L'Avocat Pathelin.*	C. C.	13
4 fév.	»	Bernardin	*Mariamne* (7) (Tristan l'Hermite).	C. C.	16
18 fév.	»	G. Vanor	*L'Illusion comique* (8) (Corneille).	C. C.	19
4 mars	»	Lintilhac	*Le Prince Travesti* (Marivaux).	C. D.	
18 mars	»	Hinzelin	*La Maréchale d'Ancre* (A. de Vigny).		
1 avril	»	L. Lacour	*Philaster* (9) (Beaumont et Fletcher).	C. C.	23
15 avril	»	Sarcey	*San Gil de Portugal* (10) (Moreto).	C. C.	26
29 avril	»	Lintilhac	*Don Carlos* (11) (Schiller).	C. D.	
13 mai	»	T. de Wyzewa	*Turandot, princesse de Chine* (12).		
3 juin	»	Joseph Fabre	*Jeanne d'Arc* (13).		

(1) Tragédie en 2 actes, d'après Eschyle, traduction de M. F. Hérold, musique de X. Leroux. Voir Jules Lemaître : *Impressions de Théâtre,* tome X.

(2) Tragédie en 3 actes, d'après Sophocle, traduction de M. P. Quillard.

(3) Tragédie en 3 actes, en vers, de Leconte de l'Isle, d'après l'*Ion,* d'Euripide.

(4) 3 actes d'après Aristophane, par M. Paul Gaveau. A la même matinée, on joua *Les Syracusaines,* 1 acte, d'après Théocrite, par M. Collière.

(5) Traduction de M. J. Destrem. A la même matinée, on joua : *La Belle-Mère,* comédie en 1 acte d'après Térence, adaptée par M. Marcel Luguet.

(6) Farces du moyen âge adaptées en vers : *Le Cuvier,* par MM. Adenis ; *Le Pont aux Anes,* par M. Docquois.

(7) Mise en scène du xviie siècle, dans un décor à compartiments.

(8) Dans la même matinée, on joua des fragments d'*Andromède* (Corneille).

(9) Tragédie en 5 actes, traduction de M. Eekhoud.

(10) Mystère en 5 actes, adapté par MM. Gassier et Kerval.

(11) Traduction de M. C. Raymond.

(12) 4 actes en prose d'après Carlo Gozzi, par M. C. Raymond.

(13) Drame en 3 parties et 9 tableaux, de M. Joseph Fabre.

SAISON THÉATRALE 1897-98

DATE de la Conférence		NOM du Conférencier	SUJET DE LA CONFÉRENCE	TEXTE de la Conférence	
4 nov.	1897	Mme J. Dieulafoy	*Œdipe à Colone* (1) (Sophocle).	C. C.	1-2
18 nov.	»	Bernardin	*Astrate* (Quinault).	C. C.	4
2 déc.	»	L. Lacour	*La Sœur* (Rotrou).	R. C.	t. X
16 déc.	»	Sarcey	*Molière* (2) (Goldoni).	C. C.	8
6 janv.	1898	J. Lemaître	*La Brouette du Vinaigrier* (S. Mercier).	C. C.	10
20 janv.	»	Lintilhac	*L'Ecossaise* (Voltaire).	C. C.	14-15
3 fév.	»	Lintilhac	*Clavijo* (3) (Gœthe).	C. D.	
17 fév.	»	Chantavoine	*La Fille du Cid* (C. Delavigne).	C. C.	17
3 mars	»	Bernardin	*Richelieu* (4) (Bulwer–Lytton).	C. C.	19
24 mars	»	Sarcey (5)	*La double Méprise* (6) (Calderon).		
31 mars	»	H. Fouquier	*Don Juan de Manara* (7).		
21 avril	»	G. Vanor	*Les Faux Dieux* (8) (Ohlenschlager).	E. L. (9).	

(1) Drame lyrique en 3 actes, adapté par MM. Lust et Buisson.

(2) Comédie en 5 actes, traduction de M. Aignan.

(3) Drame en 5 actes, traduction de M. G. Schéfer.

(4) Drame en 5 actes, traduction de M. Ch. Samson.

(5) Par exception, nous donnons ici la date de la représentation devant la seconde série d'abonnés. Le 17 mars 1898, date de la représentation devant la première série, M. Sarcey, indisposé, ne pouvant faire sa conférence, M. Albert Lambert père vint lire une notice de M. Paul Ginisty.

(6) 4 actes en vers, de M. V. Margueritte, d'après Calderon.

(7) Drame en 5 actes, en vers, de M. Haraucourt, musique de Vidal.

(8) Drame chrétien en 5 actes, de Ohlenschlager (poète danois), traduction de M. J. de Marthold.

(9) *Journal des Élèves de Lettres* du 16 octobre 1898.

SAISON THÉATRALE 1898-99

DATE de la Conférence	NOM du Conférencier	SUJET DE LA CONFÉRENCE	TEXTE de la Conférence
3 nov. 1898	Sarcey	*Polyeucte.*	C. C. 1-2
17 nov. »	Sarcey	*Iphigénie.*	C. C. 3
1 déc. »	Mme J. Dieulafoy	*Bajazet.*	C. C. 8
15 déc. »	H. Fouquier	*Amphytrion.*	C. C. 7
29 déc. »	Sarcey	*Le Légataire universel.*	C. C. 9
12 janv. 1899	Bernardin	*Don Juan.*	C. C. 11
26 janv. »	H. Fouquier	*Le Philosophe sans le savoir.*	C. C. 13
9 fév. »	Sarcey	*Zaïre.*	C. C. 15
16 mars »	Lintilhac	*Les trois Sultanes* (Favart).	R. C. t. XII
13 avril »	Lintilhac	*Le Cid.*	
27 avril »	Sarcey	*Le Jeu de l'Amour et du Hasard.*	C. C. 26
4 mai »	Lintilhac	*Le Chevalier à la mode* (Dancourt).	

SAISON THÉATRALE 1899-1900

DATE de la Conférence	NOM du Conférencier	SUJET DE LA CONFÉRENCE	TEXTE de la Conférence	
9 nov. 1899	Bernardin	*Saint-Genest* (Rotrou).	C. C.	1
23 nov. »	Lintilhac	*Rodogune.*		
7 déc. »	H. Leroux	*Horace.*	C. C.	5
21 déc. »	Mme J. Dieulafoy	*Britannicus.*	C. C.	7
4 janv. 1900	Larroumet	*Andromaque.*	C. C.	9
18 janv. »	Larroumet	*Les Erynnies* (1).	C. C.	11
1 fév. »	Bernardin	*Les Folies amoureuses.*	C. C.	13
15 fév. »	Larroumet	*L'Ecole des Femmes.*	C. C.	15
1 mars »	Lintilhac	*Le Mercure galant* (Boursault).		
15 mars »	H. Fouquier	*Claudie* (G. Sand).	C. C.	19
29 mars »	Lintilhac	*Le Barbier de Séville.*		
19 avril »	Léo Claretie	*Le Lion Amoureux* (Ponsard).	C. C.	25

(1) Leconte de l'Isle.

SAISON THÉATRALE 1900-01

DATE de la Conférence	NOM du Conférencier	SUJET DE LA CONFÉRENCE	TEXTE de la Conférence	
8 nov. 1900	Bernardin	*Mithridate.*	C. C.	2
22 nov. »	H. Fouquier	*Tartuffe.*	C. C.	4
6 déc. »	Lintilhac	*L'Avocat Pathelin* (Brueys et Palaprat).		
20 déc. »	Mme J. Dieulafoy	*Le Cid.*	C. C.	10
3 janv. 1901	Bernardin	*Phèdre.*	C. C.	12
17 janv. »	H. Fouquier	*Les Femmes savantes.*	C. C.	14
31 janv. »	Léo Claretie	*La Partie de Chasse de Henri IV* (Collé).	C. C.	16
14 fév. »	Bernardin	*Psyché.*	C. C.	18
28 fév. »	Lintilhac	*L'Etourdi.*		
14 mars »	Bernardin	*Le Conseiller-Rapporteur* (C. Delavigne).	C. C.	20
28 mars »	H. Fouquier	*Misanthropie et Repentir* (1) Kotzebue).	C. C.	23
18 avril »	G. Vanor	*Ulysse* (2) (Ponsard).		

(1) Drame en 5 actes, de Kotzebue, traduction de M. Alphonse Pagès.
(2) Tragédie en 3 actes et un prologue, musique de Gounod.

SAISON THÉATRALE 1901-02

DATE de la Conférence	NOM du Conférencier	SUJET DE LA CONFÉRENCE	TEXTE de la Conférence	
31 oct. 1901	Bernardin	*Britannicus.*	C. C.	1
14 nov. »	Larroumet (1)	*Andromaque.*	C. C.	3
28 nov. »	L. Lacour	*Les Deux Gentilshommes de Vérone* (2).	C. C.	5
12 déc. »	Lintilhac	*Le Barbier de Séville.*		
26 déc. »	L. Lacour	*Le Mariage de Figaro.*		
9 janv. 1902	Larroumet	*Le Jeu de l'Amour et du Hasard.*	C. C.	11
23 janv. »	Léo Claretie	*Athalie.*	C. C.	15
6 fév. »	L. Lacour	*Le Malade imaginaire.*		
20 fév. »	Larroumet	*Les Noces Corinthiennes* (3).	C. C.	17
6 mars »	Clovis Hugues	*La Grand'Mère* (V. Hugo).		
20 mars »	Mme Dieulafoy	*Amphytrion.*	C. C.	22
10 avril »	G. Vanor	*L'Avare.*		

(1) A la place de M. Georges de Porto-Riche.

(2) Comédie en 5 actes, de Shakespeare, adaptée par M. Maurice Olivaint.

(3) Drame en 3 actes, en vers, de M. Anatole France, musique de Thomé.

SAISON THÉATRALE 1902-03

DATE de la Conférence	NOM du Conférencier	SUJET DE LA CONFÉRENCE	TEXTE de la Conférence	
23 oct. 1902	L. Lacour	*Horace.*		
6 nov. »	Bernardin	*La Femme juge et partie* (Montfleury).	C. C.	2
20 nov. »	Chantavoine	*Iphigénie.*	C. C.	4
4 déc. »	H. Bérenger	*Les Femmes savantes.*	C. C.	6
18 déc. »	Léo Claretie	*Esther* (1).	C. C.	9
8 janv. 1903	L. Lacour	*Les Fourberies de Scapin.*		
22 janv. »	Bernardin	*L'Etourdi.*	C. C.	13
5 fév. »	G. Vanor	*Le Mercure galant* (Boursault).		
19 fév. »	Léo Claretie	*Le Légataire universel.*	C. C.	17
1 mars »	Bernardin	*La Partie de chasse de Henri IV* (Collé).	C. C.	20
26 mars »	Albert Sorel	*Le Cid.*		
9 avril »	Léo Claretie	*Le Philosophe sans le savoir.*		

(1) Avec la musique de Moreau et le concours de la Schola Cantorum. Reconstitution de la mise en scène de Saint-Cyr.

SAISON THÉATRALE 1903-04

DATE de la Conférence	NOM du Conférencier	SUJET DE LA CONFÉRENCE	TEXTE de la Conférence	
22 oct. 1903	G Deschamps	*Britannicus.*	C. C.	1
5 nov. »	Alb. Sorel	*Polyeucte.*		
19 nov. »	L. Lacour	*Mithridate.*	C. C.	6
3 déc. »	Bernardin	*Les Fâcheux.*	C. C.	6
17 déc. »	Léo Claretie	*Le Mariage de Figaro.*	C. C.	9
7 janv. 1904	L. Lacour	*L'Ecole des Maris.*		
21 janv. »	Mme Dieulafoy	*Les Enfants d'Edouard* (C. Delavigne).	C. C.	15
4 fév. »	Bernardin	*L'Ecole des Femmes.*	C. C.	16
18 fév. »	G. Vanor	*Les Ménechmes* (1) (Regnard).		
3 mars »	Chantavoine	*Le Misanthrope.*	C. C.	19
17 mars »	G. Deschamps	*Le Cid.*	C. C.	21
31 mars »	Léo Claretie	*La Passion* (2).		

(1) Avec le *Prologue.*

(2) Drame en 5 actes et 6 tableaux, de M. Haraucourt, musique de scène de Bach adaptée par P. et L. Hillemacher.

SAISON THÉATRALE 1904-05

DATE de la Conférence		NOM du Conférencier	SUJET DE LA CONFÉRENCE	TEXTE de la Conférence	
15 oct.	1904	G. Deschamps	*Andromaque.*	C. C.	1
3 nov.	»	Bernardin	*L'Avare.*	C. C.	3
17 nov.	»	L. Lacour	*Le Barbier de Séville.*		
1 déc.	»	Albert Sorel	*Le Jeu de l'Amour et du Hasard.*		
15 déc.	»	G. Worms (1)	*Tartuffe.*		
29 déc.	»	G. Deschamps	*Le Grillon* (2).	C. C.	10
12 janv.	1905	Bernardin	*Athalie.*	C. C.	12
26 janv.	»	L. Lacour	*Britannicus.*		
9 fév.	»	G. Vanor	*Horace.*		
23 fév.	»	Léo Claretie	*Mérope.*		
9 mars	»	Bernardin	*Phèdre.*	C. C.	20
23 mars	»	H. Roujon	*Hippolyte couronné* (3).		

(1) De la Comédie-Française.

(2) Comédie en 3 actes, de M. de Francmesnil, d'après Dickens, musique de Massenet.

(3) Drame antique en 4 actes, en vers, de M. Jules Bois.

SAISON THÉATRALE 1905-06

DATE de la Conférence		NOM du Conférencier	SUJET DE LA CONFÉRENCE	TEXTE de la Conférence	
19 oct.	1905	Nozière	*Bajazet.*		
2 nov.	»	G. Deschamps	*Cinna.*	C. C.	1
16 nov.	»	Bernardin	*Le Mariage de Figaro* (1).	C. C.	3
30 nov.	»	G. Vanor	*Le Jeu de l'Amour et du Hasard.*		
14 déc.	»	L. Lacour	*Bérénice.*	C. C.	7
28 déc.	»	H. Roujon	*Don Juan d'Autriche* (C. Delavigne).		
11 janv.	1906	G. Rageot.	*Amphytrion.*		
25 janv.	»	Léo Claretie	*Psyché.*	C. C.	13
8 fév.	»	Ern. Charles	*Louis XI* (C. Delavigne).	C. C.	15
22 fév.	»	Franc. Nohain	*Monsieur de Pourceaugnac.*		
8 mars	»	L. Lacour	*La Souris* (2) (Pailleron).		
29 mars	»	H. Roujon	*L'Etoile de Séville* (3).		

(1) Avec le divertissement chorégraphique du IVe acte.
(2) Comédie en 3 actes.
(3) D'après Lope de Vega, adaptation de MM. E. et A. Adenis.

Direction Antoine

SAISON THÉATRALE 1906-07

DATE de la Conférence	NOM du Conférencier	SUJET DE LA CONFÉRENCE	TEXTE de la Conférence
25 oct. 1906	Nozière	*Le Vray Mistère de la Passion* (1).	C. P. 10 nov. 1906
15 nov. »	C. Le Senne	*Polyeucte.*	C. P. 24 nov. 1906
29 nov. »	Ern. Charles	*Andromaque.*	C. P. 8 déc. 1906
13 déc. »	L. Tailhade	*Don Juan.*	
27 déc. »	Bernardin	*Le Philosophe sans le savoir.*	C. C. 11
10 janv. 1907	M. Donnay	*Le Jeu de l'Amour et du Hasard.*	C. P. 19 janv. 1907
24 janv. »	L. Lacour	*Le Barbier de Séville.*	C. P. 2 fév. 1907
7 fév. »	Firmin Roze	*Chatterton.*	C. P. 16 fév. 1907
28 fév. »	Jean Richepin	*La Grand' Mère* (V. Hugo).	C. P. 23 mars 1907
14 mars »	G. Deschamps	*Florise* (de Banville).	
11 avril »	G. Trarieux	*Le Chandelier* (Musset).	C. P. 20 avril 1907
25 avril »	L. Descaves	*La Parisienne* (Henry Becque).	C. P. 4 mai 1907

(1) D'après A. Greban, adaptation de MM. Gailly de Taurines et de la Tourrasse.

SAISON THÉATRALE 1907-08

DATE de la Conférence		NOM du Conférencier	SUJET DE LA CONFÉRENCE	TEXTE de la Conférence	
31 oct.	1907	Alfred Capus	*Tartuffe* (1).	C. C.	2
14 nov.	»	Marcel Dieulafoy	*La Jeunesse du Cid* (2).		
28 nov.	»	Bernardin	*Le Cid* (3).	C. C.	6
12 déc.	»	Ch. Martel	*L'Avare* (Molière).	C. C.	10
26 déc.	»	L. Tailhade	*L'Aululaire* (4) (Plaute).		
16 janv.	1908	Serge Basset	*Le Chevalier avare* (5).		
30 janv.	»	Mme Judith Gautier	*L'Avare Chinois* (6).		
13 fév.	»	Jean Moréas	*Electre* (7) (Sophocle).		
27 fév.	»	G. Trarieux	*Iphigénie en Tauride* (8) (Gœthe).		
12 mars	»	Jean Richepin	*Les Euménides* (Leconte de l'Isle).		
2 avril	»	Nozière	*Le Roi Lear* (9) (Shakespeare).		
16 avril	»	L. Lacour	*Les Revenants* (10) (Ibsen).		

(1) Essai de mise en scène.

(2) D'après Guillem de Castro, traduction de M. Marcel Dieulafoy. Pour respecter l'ancienne tradition espagnole, le rôle de Rodrigue fut joué par une femme.

(3) Mise en scène de 1636 (Théâtre du Marais).

(4) Traduction de M. Laurent Tailhade. 1 volume. Paris 1909. Messein, éditeur. — Voir la préface de ce volume.

(5) Pièce en 3 tableaux, de Pouschkine, traduction de M. Bienstock.

(6) Adaptation et traduction d'une ancienne pièce chinoise, par Mme Judith Gautier.

(7) Traduction de M. F. Hérold.

(8) Traduction de M. Dwelshauvers.

(9) Traduction en 18 scènes, de MM. Loti et Védel.

(10) Drame en 3 actes, traduction de M. Rodolphe Darzens.

SAISÓN THÉATRALE 1908-09

DATE de la Conférence	NOM du Conférencier	SUJET DE LA CONFÉRENCE	TEXTE de la Conférence
5 nov. 1908	Antoine	*L'Ecole des Femmes* (1).	G. R. 10 déc. 1908
19 nov. »	L. Tailhade	*La Dévotion à la Croix* (2) (Calderon).	G. R. 25 déc. 1908
3 déc. »	E. La Jeunesse	*Les Fausses Confidences.*	
17 déc. »	Tristan Bernard	*Les Fourberies de Scapin.*	
31 déc. »	Bernardin	*Saint-Genest* (Rotrou).	C. C. 1 1
14 janv. 1909	Ch. Martel (3)	*Les Plaideurs.*	
28 janv. »	E. Tissot	*Cinna.*	G. R. 10 fév. 1909
11 fév. »	A. Bonnard	*Andromaque* (4).	G.R. 10 mars 1909
25 fév. »	Ernest-Charles	*Andromaque* (5) (Euripide).	
11 mars »	Jules Renard	*Le Mariage de Figaro.*	
1 avril »	Nozière	*Le Canard sauvage* (6) (Ibsen).	
15 avril »	Léon Blum (7)	*Jules-César* (8) (Shakespeare).	

(1) Et *La Critique de l'Ecole des Femmes.*
(2) 8 tableaux, d'après Calderon, adaptation de M. Dumas-Hénar.
(3) A la place de maître Labori.
(4) Mise en scène du xviie siècle (Hôtel de Bourgogne).
(5) Traduction de M. F. Hérold.
(6) Drame en 5 actes, traduction de MM. A. Ephraïm et Lindenbaum.
(7) A la place de M. Gabriel Trarieux.
(8) Traduction de M. Louis de Gramont.

SAISON THÉATRALE 1909-10

DATE de la Conférence		NOM du Conférencier	SUJET DE LA CONFÉRENCE	TEXTE de la Conférence	
4 nov.	1909	Antoine	*Le Cry* (1). *La Condamnation de Banquet* (2). *Le Chauldronnier* (3). *L'Aveugle et le Boiteux* (4). *Moralité nouvelle d'un Empereur* (5).		
18 nov.	»	E. Ledrain	*Les Sept devant Thèbes* (6) (Eschyle).		
2 déc.	»	L. Claretie (7)	*Les Femmes savantes.*		
16 déc.	»	G. d'Esparbès	*Horace.*		
30 déc.	»	Nozière	*Turcaret.*		
13 janv.	1910	Bernardin	*Phèdre.*	C. C.	12
27 janv.	»	Ch. Martel	*Phèdre et Hippolyte* (Pradon).		
10 fév.	»	Abel Hermant	*George Dandin.*		
24 fév.	»	Tristan Bernard	*Le Légataire universel.*		
14 avril	»	Le Dr Doyen	*Le Malade imaginaire.*		
28 avril	»	Ernest-Charles	*Coriolan* (8) (Shakespeare).		
26 mai	»	Bernardin (9)	*Athalie.*	C. C.	31

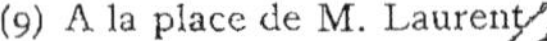

(1) De Pierre Gringoire.
(2) Par Nicole de la Chesnaye, adaptation de Mmes Wirzka et Tigy.
(3) Farce du XVIᵉ siècle, adaptation de M. Rial-Faber.
(4) Farce d'André de la Vigne, adaptée par M. Rial-Faber.
(5) Adaptation de M. Rial-Faber.
(6) Traduction de M. F. Hérold.
(7) A la place de Mme Séverine.
(8) Traduction en 26 scènes, de M. Paul Sonniès.
(9) A la place de M. Laurent Tailhade.

Saint-Valery-sur-Somme, imp. E. Lefebvre.

SAINT-VALÉRY-SUR-SOMME

IMPRIMERIE E. LEFEBVRE